À plus ! 2

Französisch für Gymnasien

Entraînement

Textsammlung für Diktate, Übersetzungen, Sprachmittlung

Cornelsen

À plus! 2
Textsammlung für Diktate, Übersetzungen, Sprachmittlung

Im Auftrag des Verlages erarbeitet von
Catherine Jorißen

und der Redaktion Moderne Fremdsprachen
Burcu Kiliç

Illustrationen: Laurent Lalo
Umschlaggestaltung: Katrin Nehm
Layout und technische Umsetzung: graphitecture book, Rosenheim

www.cornelsen.de

1. Auflage, 1. Druck 2008

© 2008 Cornelsen Verlag, Berlin

Das Werk und seine Teile sind urheberrechtlich geschützt.
Jede Nutzung in anderen als den gesetzlich zugelassenen Fällen bedarf
der vorherigen schriftlichen Einwilligung des Verlages.
Hinweis zu §52a UrhG: Weder das Werk noch seine Teile dürfen ohne eine
solche Einwilligung eingescannt und in ein Netzwerk eingestellt werden.
Dies gilt auch für Intranets von Schulen und sonstigen Bildungseinrichtungen.

Druck: H. Heenemann, Berlin

ISBN 978-3-06-520029-5

Inhalt gedruckt auf säurefreiem Papier aus nachhaltiger Forstwirtschaft.

Inhaltsverzeichnis

Vorwort	**4**
Diktate	**6**
Übersetzungen & Sprachmittlungsübungen	**49**
Satzzeichen & Lautschrift	**56**
Lösungen	**58**

Vorwort

Die vorliegende Sammlung besteht aus Diktaten, Übersetzungen und Sprachmittlungsübungen. Die Texte/Aufgaben sind als Arbeitsblätter für die Hand der Schüler/innen oder als Kopiervorlagen für den Einsatz in Freiarbeitsstunden konzipiert. Zur besseren Orientierung sind alle Arbeitsblätter und Kopiervorlagen durchnummeriert.

DIKTATE

Zu jeder Unité werden vier Diktate angeboten, die in mehreren Versionen vorliegen:
- als klassische Diktate
- als Partner- oder Lückendiktate.

Hinzu kommen noch zwei bis drei Lautschriftdiktate pro Unité.

Die verschiedenen Diktatversionen können alternativ, binnendifferenzierend oder aufeinander aufbauend verwendet werden. Hier einige Vorschläge:

Klassische Diktate

Sie können die Diktate auf Folie kopieren und als Grundlage für eine gemeinsame Korrektur im Klassenraum verwenden. Sie können die Diktate aber auch an die Schüler/innen verteilen.

Vor den ersten Diktaten empfiehlt es sich Blatt 57 an die Schüler/innen auszuteilen und die französische Bezeichnung der Satzzeichen einzuüben.

Einige Diktate enthalten französische Eigennamen, die den Schülern/innen noch nicht bekannt sind. Sie sollten zuvor an die Tafel notiert werden.

Partner- und Lückendiktate

Partner- und Lückendiktate dienen der Partnerarbeit und liegen daher in zwei Versionen vor. Diese sind als a und b gekennzeichnet. Schüler/in A erhält das mit a gekennzeichnete, Schüler/in B das mit b gekennzeichnete Arbeitsblatt.

Bei den Partnerdiktaten diktieren sich Schüler/in A und B abwechselnd den auf ihrem Arbeitsblatt vorhandenen Text. Zusammen ergeben die Textteile das vollständige Diktat.

Die Lückendiktate auf den beiden Arbeitsblättern sind identisch. Sie konzentrieren sich auf die Schreibung einzelner Elemente.

Partnerdiktate können alternativ zum klassischen Diktat oder nach ein oder zwei Wochen zur Vertiefung und Wiederholung eingesetzt werden.

Lückendiktate können zuerst, vor dem klassischen Diktat oder zur (Binnen-) Differenzierung eingesetzt werden. Leistungsschwächere Schülergruppen ergänzen die Lücken, leistungsstärkere Gruppen schreiben das vollständige Diktat mit.

Lautschriftdiktate

Sie haben das Ziel die phonetische Umschrift passiv (und in wenigen Fällen auch aktiv) einzuüben. Auf Blatt 57 finden Sie auch eine Zusammenfassung der französischen Lautschrift.

ÜBERSETZUNG UND SPRACHMITTLUNGSÜBUNGEN

Sie nehmen Bezug auf den jeweiligen thematischen Schwerpunkt der Unité. In spielfreudigen Klassen können die Dialoge in Freiarbeitsstunden in Partnerarbeit erstellt und anschließend in der Klasse vorgespielt werden.

Diktate

FICHE DE TRAVAIL 1 Charlotte et ses copains

DIKTAT ab Unité 1, Séquence 1

La correspondante

Luisa Bachmann est à Nantes chez sa correspondante Sophie Martin. Elle va rester une semaine. Aujourd'hui, c'est dimanche. Après le petit-déjeuner, les Martin veulent faire une excursion avec Luisa. Il pleut et il fait froid, mais ils vont montrer Noirmoutier à la jeune fille parce qu'elle aime les bateaux et adore la mer. Clément, le frère de Sophie, déteste les excursions en famille et Noirmoutier ne l'intéresse pas en octobre: l'eau est bien trop froide pour nager. Il préfère écouter ses CD ou regarder un film avec son copain. Alors, il va rester à la maison. Sophie pense que ce n'est pas juste. Elle aussi préfère rester à Nantes, mais elle va faire un effort pour sa corres. Luisa n'a pas l'océan Atlantique chez elle!

DIKTAT ab Unité 1, Séquence 1

Le programme

Les élèves de la cinquième A préparent le programme pour leurs correspondants avec Madame Lecoq, leur professeur d'allemand. Les correspondants vont avoir cours le matin mais pas l'après-midi. Les jeunes vont faire deux excursions ensemble. Ils vont aller à Nantes. Tout le monde* est d'accord pour faire un rallye à Nantes, mais tout le monde est contre une excursion à la mer parce qu'il fait trop froid en octobre pour nager. Presque tout le monde est d'accord pour aller à un festival de hip-hop.

* **tout le monde** alle

FICHE DE TRAVAIL 2a Charlotte et ses copains

Je m'appelle ....

PARTNERDIKTAT ab Unité 1, Séquence 1

Ton/Ta partenaire et toi dictez tour à tour vos versions du texte. Comparez et corrigez-vous.

Partner A

Luisa Bachmann est à Nantes _____ Sophie Martin. Elle va rester _____. Aujourd'hui, c'est dimanche. _____, les Martin veulent faire une excursion avec Luisa. _____, mais ils vont montrer Noirmoutier à la jeune fille _____. Clément, le frère de Sophie, _____ en famille et Noirmoutier ne l'intéresse pas en octobre : _____. Il préfère écouter ses CD ou regarder un film avec son copain. _____. Sophie pense que ce n'est pas juste. Elle aussi préfère rester à Nantes, _____. Luisa n'a pas l'océan Atlantique chez elle !

- -

LÜCKENDIKTAT ab Unité 1, Séquence 1

Écoute et complète le texte.

Les élèves de la cinquième A _____ _____ avec Madame Lecoq, _____. Les correspondants _____ _____. Les jeunes _____. Ils vont aller à Nantes. Tout le monde* est d'accord _____ _____, mais tout le monde _____ parce qu'_____ en octobre pour nager. Presque tout le monde _____.

* **tout le monde** alle

8

FICHE DE TRAVAIL 2b Charlotte et ses copains

Je m'appelle ....

PARTNERDIKTAT ab Unité 1, Séquence 1

Ton/Ta partenaire et toi dictez tour à tour vos versions du texte. Comparez et corrigez-vous.

Partner B

Luisa Bachmann .... chez sa correspondante Sophie Martin. .... une semaine. .... Après le petit-déjeuner, les Martin .... Il pleut et il fait froid, ... parce qu'elle aime les bateaux et adore la mer. ...., déteste les excursions en famille .... : l'eau est bien trop froide pour nager. .... avec son copain. Alors, il va rester à la maison. .... Elle aussi préfère rester à Nantes, mais elle va faire un effort pour sa corres. .... !

LÜCKENDIKTAT ab Unité 1, Séquence 1

Écoute et complète le texte.

Les élèves de la cinquième A .... avec Madame Lecoq, ... Les correspondants .... Les jeunes .... Ils vont aller à Nantes. Tout le monde* est d'accord ...., mais tout le monde .... parce qu' .... en octobre pour nager. Presque tout le monde ....

* **tout le monde** alle

FICHE DE TRAVAIL 3 Charlotte et ses copains

Je m'appelle ....

LAUTSCHRIFTDIKTAT ab Unité 1, Séquence 1

Écoute ces mots et transcris-les en écriture phonétique.

le soleil	....	les bateaux	....
le voyage	....	les correspondants	....
la championne	....	le tableau	....
célèbre	....	comme il faut	....
l'échange	....	le rallye	....
l'excursion	....	les Allemands	....

LAUTSCHRIFTDIKTAT ab Unité 1, Séquence 3

Retrouve les phrases et écris-les.

1. [leɔ̃ʒudəlakɔRdeɔ̃] ....

2. [bRynoʒudypjano] ....

3. [eklemɑ̃ɛskilʒudɛ̃ɛ̃stRymɑ̃] ....

4. [nɛstɔRdɔRɑ̃kɔR] ....

5. [edwaRmɑ̃ʒdymatɛ̃oswaR] ....

6. [klɛRʃɛRʃsɔ̃diksjɔnɛR] ....

7. [aRtyRgaRsavwatyR] ....

FICHE DE TRAVAIL 4 Charlotte et ses copains

DIKTAT ab Unité 1, Séquence 3

Les Bertrand vont à la gare

Aujourd'hui, les correspondants arrivent. Les Bertrand vont à la gare pour attendre Jens, le correspondant de leur fils Paul. La famille est en retard: il y a un embouteillage et tout est bloqué. Les enfants descendent et continuent à pied. À la gare, il y a un groupe de jeunes. Est-ce que ce sont les correspondants? Oui, ce sont eux. Jens attend sur le quai.

Dans la voiture, les Bertrand parlent et posent des questions à Jens. Madame Bertrand demande s'il a faim, Monsieur Bertrand veut savoir si Jens comprend tout. Claire, la petite sœur de Paul, demande à Jens s'il joue d'un instrument. Elle raconte qu'elle joue de l'accordéon et du piano. Jens pense qu'ils sont très sympa mais trouve qu'ils parlent beaucoup et trop vite.

DIKTAT ab Unité 1, Séquence 3

C'est trop tard pour le ciné

Julien: Il est quelle heure?

Marie: Il est quatre heures vingt.

Julien: Oh là là, on est en retard. Le film est dans dix minutes.

(Vingt minutes après)

Marie: Bon, il est cinq heures moins vingt, c'est trop tard pour le ciné …

Julien: Oh là là, le bus est encore bloqué, on va passer la fin de l'après-midi ici, c'est sûr.

Marie: Mais non, on va bientôt arriver.

(Dix minutes après)

Marie: Viens, on va descendre devant chez Auchan.

Julien: Qu'est-ce qu'on fait maintenant? On va chez Yannick?

Marie: Non, il a son cours de guitare. Mais on peut l'attendre devant le conservatoire.

FICHE DE TRAVAIL 5a Charlotte et ses copains

Je m'appelle ....

PARTNERDIKTAT ab Unité 1, Séquence 3

Ton/Ta partenaire et toi dictez tour à tour vos versions du texte. Comparez et corrigez-vous.

Partner A

_____. Les Bertrand vont à la gare pour attendre Jens, _____. La famille est en retard: _____. Les enfants descendent et continuent à pied. À la gare, _____. Est-ce que ce sont les correspondants? _____. Jens attend sur le quai.

_____
_____. Madame Bertrand demande s'il a faim, _____
_____. Claire, la petite sœur de Paul, _____
_____. Elle raconte qu'elle joue de l'accordéon et du piano. _____
_____ mais trouve qu'ils parlent beaucoup et trop vite.

LÜCKENDIKTAT ab Unité 1, Séquence 3

Écoute et complète le dialogue.

Julien: Il est quelle heure?

Marie: _____.

Julien: Oh là là, _____. Le film est _____.

(Vingt minutes après)

Marie: Bon, _____, c'est trop tard pour le ciné …

Julien: Oh là là, _____, _____
_____, _____.

Marie: Mais non, on va bientôt arriver.

(Dix minutes après)

Marie: Viens, _____ chez Auchan.

Julien: Qu'est-ce qu'on fait maintenant? On va chez Yannick?

Marie: Non, _____. Mais _____ devant le conservatoire.

FICHE DE TRAVAIL 5b Charlotte et ses copains

Je m'appelle ....

PARTNERDIKTAT ab Unité 1, Séquence 3

Ton/Ta partenaire et toi dictez tour à tour vos versions du texte. Comparez et corrigez-vous.

Partner B

Aujourd'hui, les correspondants arrivent. _____

_____, le correspondant de leur fils Paul. La famille est _____ :

il y a un embouteillage et tout est bloqué. _____

_____. À la gare, il y a un groupe de jeunes. _____

_____? Oui, ce sont eux. _____.

Dans la voiture, les Bertrand parlent et posent des questions à Jens. _____

_____, Monsieur Bertrand veut savoir si Jens comprend tout.

_____, demande à Jens s'il joue d'un instrument.

_____.

Jens pense qu'ils sont très sympa mais _____.

- -

LÜCKENDIKTAT ab Unité 1, Séquence 3

Écoute et complète le dialogue.

Julien: Il est quelle heure?

Marie: _____.

Julien: Oh là là, _____. Le film est _____.

(Vingt minutes après)

Marie: Bon, _____, c'est trop tard pour le ciné …

Julien: Oh là là, _____, _____

_____, _____.

Marie: Mais non, on va bientôt arriver.

(Dix minutes après)

Marie: Viens, _____ chez Auchan.

Julien: Qu'est-ce qu'on fait maintenant? On va chez Yannick?

Marie: Non, _____. Mais _____

devant le conservatoire.

FICHE DE TRAVAIL 6 À Nantes

DIKTAT ab Unité 2, Séquence 1

Une lettre de Mathilde

Chère Magali,

le 5 septembre

Me voilà à Nantes chez ma tante. Hier on a visité le château des ducs de Bretagne, on a vu le musée Jules Verne. L'après-midi, on a fait une promenade: on a vu les quais et on a regardé les vitrines de la rue Crébillon. J'ai acheté une affiche dans une librairie. Après, on a encore marché, marché … Ma tante est toujours en forme! On a vu beaucoup de choses. La ville est super. Aujourd'hui, je suis fatiguée, alors je reste chez elle et je préfère écrire. Je n'ai pas le moral parce que j'ai perdu mon porte-monnaie avec 100 euros. Je n'ai plus d'argent pour acheter des souvenirs de Nantes à mes parents.

Ce soir, ma tante a invité* quelqu'un pour le dîner. C'est une bonne cuisinière. Je te laisse parce qu'on va faire des courses.

Bises

Mathilde

* **inviter qn** jdn einladen

DIKTAT ab Unité 2, Séquence 1

L'histoire du porte-monnaie

Charlotte: Oh là là, on a huit heures de cours aujourd'hui. Je suis fatiguée!

Clémence: C'est normal, hier on a beaucoup marché et on a vu un tas de choses. Et puis, le soir, on discute avec nos corres, on écoute des CD. Hier, ma corres et moi, on a regardé un film jusqu'à minuit!

Charlotte: Ce n'est pas cela. La pauvre Julia a perdu son porte-monnaie avec cinquante euros. Alors, on a marché pendant des heures, on a cherché, cherché, mais on n'a pas retrouvé le porte-monnaie.

Clémence: Quelqu'un a pris le porte-monnaie et a gardé l'argent, c'est sûr!

Charlotte: Non, attends, l'histoire continue. Hier soir …

Professeur: Charlotte et Clémence, vous m'écoutez? Qu'est-ce que j'ai dit?

FICHE DE TRAVAIL 7a À Nantes

Je m'appelle ....

PARTNERDIKTAT ab Unité 2, Séquence 1

Ton/Ta partenaire et toi dictez tour à tour vos versions du texte. Comparez et corrigez-vous.

Partner A

le 5 septembre

Chère Magali,

Me voilà à Nantes chez ma tante. Hier _____ des ducs de Bretagne, on a vu le musée Jules Verne. L'après-midi, _____ _____ de la rue Crébillon. J'ai acheté une affiche dans une librairie. Après, _____ ...
Ma tante est toujours en forme! On a vu beaucoup de choses. La ville est super.
Aujourd'hui, _____
_____. Je n'ai pas le moral parce que _____
_____. Je n'ai plus d'argent pour acheter des souvenirs de Nantes à mes parents.
_____ invité* _____. C'est une bonne cuisinière. Je te laisse _____.
Bises, Mathilde

* **inviter qn** jdn einladen

LÜCKENDIKTAT ab Unité 2, Séquence 1

Écoute et complète ce dialogue.

Charlotte: Oh là là, on a huit heures de cours aujourd'hui. _____!

Clémence: C'est normal, _____
_____. Et puis, le soir, on discute avec nos corres, on écoute des CD.
_____!

Charlotte: Ce n'est pas cela. _____
_____. Alors, on a marché pendant des heures, _____
_____.

Clémence: _____!

Charlotte: Non, attends, l'histoire continue. Hier soir …

Professeur: Charlotte et Clémence, vous m'écoutez? _____?

FICHE DE TRAVAIL 7b À Nantes

Je m'appelle ....

PARTNERDIKTAT ab Unité 2, Séquence 1

Ton/Ta partenaire et toi dictez tour à tour vos versions du texte. Comparez et corrigez-vous.

Partner B

le 5 septembre

Chère Magali,

.... Hier on a visité le château des ducs de

Bretagne, ... L'après-midi, on a fait une

promenade: on a vu les quais et on a regardé les vitrines de la rue Crébillon. ....

.... Après, on a encore marché, marché ... Ma

tante est toujours en forme! ....

Aujourd'hui, je suis fatiguée, alors je reste chez elle et je préfère écrire. Je n'ai pas le moral parce

que j'ai perdu mon porte-monnaie avec 100 euros. ....

....

Ce soir, ma tante a invité* quelqu'un pour le dîner. ....

.... parce qu'on va faire des courses.

Bises, Mathilde

* **inviter qn** jdn einladen

LÜCKENDIKTAT ab Unité 2, Séquence 1

Écoute et complète ce dialogue.

Charlotte: Oh là là, on a huit heures de cours aujourd'hui. ....!

Clémence: C'est normal, ...

.... Et puis, le soir, on discute avec nos corres, on écoute des CD.

....!

Charlotte: Ce n'est pas cela. ....

.... Alors, on a marché pendant des heures, ...

....

Clémence: ....!

Charlotte: Non, attends, l'histoire continue. Hier soir ...

Professeur: Charlotte et Clémence, vous m'écoutez? ....?

FICHE DE TRAVAIL 8 À Nantes

Je m'appelle ....

LAUTSCHRIFTDIKTAT ab Unité 2, Séquence 1

[ɔ̃], [ɑ̃] et [ɛ̃]. Écoute et complète.

1. B........., comm.........ç.........s, ... est .... retard.
2. Est-ce que quelqu'......... a lu ce rom.........?
3. Comm.........t allez-vous?
4. Est-ce que tu c.........pr.........ds cette l.........gue?
5. .... a visité le c.........tre et vu de grands magas.........s.
6. Je t'att.........ds dev.........t chez Mari.........

LAUTSCHRIFTDIKTAT ab Unité 2, Séquence 3

Retrouve le message du correspondant de Yannick et écris-le.

[ʒebjɛ̃emenɑ̃tʒepyapʀɑ̃dʀbokud(ə)ʃozeʒefɛdepʀɔgʀɛɑ̃fʀɑ̃sɛ] ....

....

[ʒefɛlakɔnɛsɑ̃sdəʒɑ̃sypɛʀ] ....

[ilafɛboilnapaply] ....

[ʒədwaʀɑ̃tʀe] ....

[ʒəvudʀɛʀəvəniʀ] ....

FICHE DE TRAVAIL 9 À Nantes

DIKTAT ab Unité 2, Séquence 3

C'est la vie!

Pendant les vacances, Emma a passé une semaine chez Pauline à la Baule. Il a fait beau, mais les deux copines n'ont pas pu faire beaucoup de choses parce qu'Emma a été malade cinq jours. Alors, Yann et Daniel, deux copains sont venus les voir très souvent. Ils ont joué de la guitare et chanté des chansons ensemble. C'était trop cool! Le dernier jour*, les jeunes ont fait une excursion à vélo. Cette promenade sous le soleil a été fantastique et ils ont fait la connaissance d'Allemands très sympa. Ensemble, ils ont bien discuté et les Allemands ont appris des expressions comme « J'écris comme un chat. ». Emma a invité ses copains à Lyon. Elle espère qu'ils vont rester en contact. Yann et Daniel, eux, pensent que c'est le début d'une amitié.

* **le dernier jour** am letzten Tag

DIKTAT ab Unité 2, Séquence 3

Nora est allée en Allemagne

Max: Salut, Nora! Qu'est-ce que tu fais en ce moment? On ne te voit plus!

Nora: J'ai passé une semaine chez ma corres, à Stuttgart. Je suis rentrée hier.

Max: Cool! C'était comment, Stuttgart?

Nora: Super, mais je suis contente d'être là. Les parents de ma corres sont trop sévères. Annika ne peut pas sortir l'après-midi et doit passer les week-ends en famille!

Max: Des parents comme ça, c'est pas le pied!

Nora: Un jour, ils sont venus nous chercher au commissariat. C'était la catastrophe.

Max: Pourquoi? Qu'est-ce que vous avez fait?

Nora: Annika a oublié son sac avec soixante euros et sa carte d'identité dans le tramway. Alors, on a dû aller au commissariat.

FICHE DE TRAVAIL 10a À Nantes

Je m'appelle ....

PARTNERDIKTAT ab Unité 2, Séquence 3

Ton/Ta partenaire et toi dictez tour à tour vos versions du texte. Comparez et corrigez-vous.

Partner A

Pendant les vacances, ...

Il a fait beau, ...

.... parce qu'Emma a été malade cinq jours. ....

.... Ils ont joué de

la guitare et chanté des chansons ensemble. ....! Le dernier jour*,

.... Cette promenade sous

le soleil a été fantastique ....

.... Ensemble, ...

.... comme « J'écris comme un chat. ».

.... Elle espère qu'ils vont rester en contact.

....

* **le dernier jour** am letzten Tag

LÜCKENDIKTAT ab Unité 2, Séquence 3

Écoute et complète ce dialogue.

Max: Salut, Nora! Qu'est-ce que tu fais en ce moment? ....!

Nora: .... chez ma corres, à Stuttgart. ....

Max: Cool! ...., Stuttgart?

Nora: Super, mais je suis contente d'être là. ....

.... Annika ne peut pas sortir l'après-midi et ....

..................................!

Max: Des parents comme ça, ...!

Nora: Un jour, ... C'était la catastrophe.

Max: Pourquoi? Qu'est-ce que vous avez fait?

Nora: Annika a oublié ....

dans le tramway. Alors, ...

19

FICHE DE TRAVAIL 10b À Nantes

Je m'appelle ....

PARTNERDIKTAT ab Unité 2, Séquence 3

Ton/Ta partenaire et toi dictez tour à tour vos versions du texte. Comparez et corrigez-vous.

Partner B

...., Emma a passé une semaine chez Pauline à la Baule. ...., mais les deux copines n'ont pas pu faire beaucoup de choses .... Alors, Yann et Daniel, deux copains, sont venus les voir très souvent. .... C'était trop cool! Le dernier jour*, les jeunes ont fait une excursion à vélo. .... et ils ont fait la connaissance d'Allemands très sympa. Ensemble, ils ont bien discuté et les Allemands ont appris des expressions .... Emma a invité ses copains à Lyon. .... Yann et Daniel, eux, pensent que c'est le début d'une amitié.

* **le dernier jour** am letzten Tag

LÜCKENDIKTAT ab Unité 2, Séquence 3

Écoute et complète ce dialogue.

Max: Salut, Nora! Qu'est-ce que tu fais en ce moment? ....!

Nora: .... chez ma corres, à Stuttgart. ....

Max: Cool! ...., Stuttgart?

Nora: Super, mais je suis contente d'être là. .... Annika ne peut pas sortir l'après-midi et ....!

Max: Des parents comme ça, ...!

Nora: Un jour, ... C'était la catastrophe.

Max: Pourquoi? Qu'est-ce que vous avez fait?

Nora: Annika a oublié .... dans le tramway. Alors, ...

FICHE DE TRAVAIL 11 Un mercredi

DIKTAT ab Unité 3, Séquence 1

Le mercredi après-midi, ça passe vite

Lucas est seul à la maison. Ses parents travaillent et rentrent tard. Il doit faire ses devoirs, préparer un exposé de français, faire des courses et préparer le dîner. À cinq heures, il a le foot. Il fait du foot avec l'équipe de son collège. Il commence avec ses devoirs de maths. Pas facile … Il téléphone à son copain. Max est bon en maths. Mais Max n'est pas chez lui. Lucas regarde l'heure: trois heures et demie. Les devoirs peuvent attendre. Il va au supermarché pour acheter deux bouteilles d'eau, six œufs, des fruits, un kilo de tomates et un poulet pour ce soir. À quatre heures, il est dans sa chambre. Bon, d'abord, il va écouter une super émission à la radio et ensuite, il va travailler. Cinq heures moins le quart! Vite, Lucas prend son sac de sport et sort. Dans le bus, il pense à ce soir. Il n'a pas encore fait ses devoirs, mais il y a un film avec Brad Pitt à la télé.

DIKTAT ab Unité 3, Séquence 1

Un week-end à Grenoble

Bertille est de Grenoble. Le week-end, elle fait du ski avec ses parents, mais elle déteste ça. Elle veut pratiquer un autre sport, par exemple faire de l'acrobatie, du tennis ou de l'athlétisme. Ses parents sont d'accord, mais elle doit continuer le ski.

Ce week-end, Bertille ne va pas attendre dans le froid pendant des heures. Elle va rester à Grenoble et aller au stade regarder de l'athlétisme avec son amie, championne d'athlétisme. Elle est très contente! Après, son amie va venir chez elle et ensemble, elles vont préparer une mousse au chocolat pour la mère de Bertille, c'est son anniversaire dimanche soir et elle adore le chocolat.

FICHE DE TRAVAIL 12a Un mercredi

Je m'appelle ....

PARTNERDIKTAT ab Unité 3, Séquence 1

Ton/Ta partenaire et toi dictez tour à tour vos versions du texte. Comparez et corrigez-vous.

Partner A

Lucas est seul à la maison. ....
Il doit faire ses devoirs, ..., faire des courses et
préparer le dîner. .... Il fait du foot avec l'équipe de son collège. .... Pas facile … Il téléphone à son
copain. .... Lucas regarde
l'heure: trois heures et demie. .... Il va au supermarché
pour acheter deux bouteilles d'eau, six œufs, ...
.... À quatre heures, il est dans sa chambre.
....
et ensuite, il va travailler. Cinq heures moins le quart! ....
.... Dans le bus, il pense à ce soir. ....
...., mais il y a un film avec Brad Pitt à la télé.

LÜCKENDIKTAT ab Unité 3, Séquence 1

Écoute et complète ce texte.

Bertille est de Grenoble. Le week-end, ...,
mais elle déteste ça. ...., par exemple
.... Ses parents
sont d'accord, ...
Ce week-end, ...
.... Elle va rester à Grenoble et ....
....
Elle est très contente! Après, son amie va venir chez elle et ensemble, ...
.... la mère de Bertille, c'est
son anniversaire dimanche soir et ....

22

FICHE DE TRAVAIL 12b Un mercredi

Je m'appelle ....

PARTNERDIKTAT ab Unité 3, Séquence 1

Ton/Ta partenaire et toi dictez tour à tour vos versions du texte. Comparez et corrigez-vous.

Partner B

Lucas est seul à la maison. Ses parents travaillent et rentrent tard. _____
_____, préparer un exposé de français, _____
À cinq heures, il a le foot. _____
Il commence avec ses devoirs de maths. _____
Max est bon en maths. Mais Max n'est pas chez lui. _____
_____. Les devoirs peuvent attendre. _____
_____, des fruits, un kilo de
tomates et un poulet pour ce soir. _____
Bon, d'abord, il va écouter une super émission à la radio et ensuite, il va travailler. _____
_____! Vite, Lucas prend son sac de sport et sort.
_____. Il n'a pas encore fait ses devoirs,
_____ Brad Pitt à la télé.

LÜCKENDIKTAT ab Unité 3, Séquence 1

Écoute et complète ce texte.

Bertille est de Grenoble. Le week-end, _____,
mais elle déteste ça. _____, par exemple
_____. Ses parents
sont d'accord, _____.
Ce week-end, _____
_____. Elle va rester à Grenoble et _____
_____.
Elle est très contente! Après, son amie va venir chez elle et ensemble, _____
_____ la mère de Bertille, c'est
son anniversaire dimanche soir et _____.

FICHE DE TRAVAIL 13 Un mercredi

Je m'appelle ....

LAUTSCHRIFTDIKTAT ab Unité 3, Séquence 1

1. Trouve les sports qui riment avec les prénoms.

Véronique fait de la _____.

Florence fait de la _____.

Carlo fait du _____.

Adonis fait du _____.

Udo fait du _____.

Audrey fait du _____.

Élisabeth fait du _____.

Lucie fait de l'_____.

Briac fait du _____.

Bilal fait du _____.

2. Retrouve la question et écris-la.

[etwaɛskətypʀatikɛ̃spɔʀ] _____

LAUTSCHRIFTDIKTAT ab Unité 3, Séquence 3

La nuit*, Enzo a fait un rêve bizarre. Retrouve ce rêve et écris-le.

[ɛnzoʀɛvkilɛtosiʀkefɛɛ̃nymeʀodakʀɔbasi] _____

[ilɛsyʀɛ̃veloeʒɔ̃gləavɛkdezasjɛtkilmɛɑ̃sɥitsyʀsatɛt] _____

[eilkɔmɑ̃saʒwedəlatʀɔ̃pɛt] _____

[syʀɛ̃tʀapezɛ̃klundifɛatɑ̃sjɔ̃] _____

[sɛsɔ̃ʀɛvɛjkisɔn] _____

* **la nuit** die Nacht; *hier:* nachts

FICHE DE TRAVAIL 14 Un mercredi

DIKTAT ab Unité 3, Séquence 3

Ils veulent préparer leur ASSR.

Madame Richard pose des questions à ses enfants qui préparent leur ASSR.

Mère: Ce garçon à rollers est sur la route. Il y a un problème.

Fils: Quel problème? Je ne vois pas. Il a un casque et des protections.

Fille: Oui, mais c'est dangereux. Il doit rouler sur le trottoir et pas sur la route!

Mère: Bien. Cet homme à vélo qui double la voiture porte un casque, mais il est quand même en danger. Pourquoi?

Enfants: C'est facile! C'est parce qu'il est dans l'angle mort de la voiture.

Mère: Très bien. Est-ce que la vitesse est limitée sur les autoroutes?

Fille: Oui, elle est limitée à 130 km/heure.

Mère: Il y a un embouteillage. Est-ce que cette jeune fille à mobylette peut doubler sur la droite les voitures ou passer entre les voitures?

Fils: Elle ne peut pas passer entre les voitures, mais elle peut les doubler sur la droite.

Mère: Mais non! Elle ne peut pas faire cela. C'est dangereux et interdit!

LÜCKENDIKTAT ab Unité 3, Séquence 3

Un cirque pas comme les autres

Enzo a passé le week-end chez sa grand-mère, à Paris et ensemble, ils sont allés au cirque. Ils ont vu un spectacle du Cirque du Soleil, un cirque du Québec, qui est très célèbre et que la grand-mère connaît bien. Souvent, Enzo et le cirque, ça fait deux. Il trouve que la musique est nulle. Il n'aime pas les numéros de clowns qu'il trouve ridicules. Et les numéros d'animaux, ce n'est pas son truc. Voir des éléphants qui font du vélo ou des chiens qui jonglent, non merci! Mais il y a cirque et cirque et là, c'était fantastique! Enzo a adoré les numéros d'acrobatie. Et puis, ce cirque ne propose pas de numéros d'animaux.

FICHE DE TRAVAIL 15a Un mercredi

Je m'appelle ....

PARTNERDIKTAT ab Unité 3, Séquence 3

Ton/Ta partenaire et toi dictez tour à tour vos versions du dialogue. Comparez et corrigez-vous.

Partner A

Madame Richard pose des questions à ses enfants qui préparent leur ASSR.

Mère: .... Il y a un problème.

Fils: Quel problème? Je ne vois pas. ....

Fille: Oui, mais il fait quelque chose de dangereux. ....
....!

Mère: Bien. Cet homme à vélo qui double la voiture ....
.... Pourquoi?

Enfants: C'est facile! ....

Mère: Très bien. ....?

Fille: Oui, elle est limitée à 130 km/heure.

Mère: .... Est-ce que cette jeune fille à mobylette peut doubler sur la droite les voitures ou passer entre les voitures?

Fils: ...., mais elle peut les doubler sur la droite.

Mère: Mais non! Elle ne peut pas faire cela. ....!

- -

LÜCKENDIKTAT ab Unité 3, Séquence 3

Écoute et complète ce texte.

Enzo ...., à Paris et ....
.... Ils ont vu un spectacle du Cirque du Soleil, un cirque du Québec, qui est très célèbre ....
.... Il trouve que la musique est nulle. Il n'aime pas .... Et les numéros d'animaux,
....
....! Mais il y a cirque et cirque et là, c'était fantastique! ....
....

FICHE DE TRAVAIL 15b Un mercredi

Je m'appelle ....

PARTNERDIKTAT ab Unité 3, Séquence 3

Ton/Ta partenaire et toi dictez tour à tour vos versions du dialogue. Comparez et corrigez-vous.

Partner B

Madame Richard ....

Mère: Ce garçon à rollers est sur la route. ....

Fils: .... Il a un casque et des protections.

Fille: .... Il doit rouler sur le trottoir et pas sur la route!

Mère: .... porte un casque, mais il est quand même en danger. Pourquoi?

Enfants: ....! C'est parce qu'il est dans l'angle mort de la voiture.

Mère: Très bien. Est-ce que la vitesse est limitée sur les autoroutes?

Fille: ....

Mère: Il y a un embouteillage. ....
....?

Fils: Elle ne peut pas passer entre les voitures, ...
....

Mère: .... C'est dangereux et interdit!

LÜCKENDIKTAT ab Unité 3, Séquence 3

Écoute et complète ce texte.

Enzo ...., à Paris et ....
.... Ils ont vu un spectacle du Cirque du Soleil, un cirque du Québec, qui est très célèbre ....
.... Il trouve que la musique est nulle. Il n'aime pas
.... Et les numéros d'animaux,
....! Mais il y a cirque et cirque et là, c'était fantastique! ....
....

FICHE DE TRAVAIL 16 Non à la violence!

DIKTAT ab Unité 4, Séquence 1

Elle est blessée?

Cet après-midi, un homme a agressé une élève de ma classe devant le collège. Il lui a volé son sac avec tout son argent et son portable. Il ne lui a pas fait mal et elle n'est pas blessée, mais elle a eu très peur. Elle a crié au secours, mais nous n'avons pas pu l'aider. Nous ne sommes pas très courageux. Lucas est allé chercher une surveillante qui est vite arrivée et lui a parlé.

« Ça va, Clara, tu as mal, tu es blessée? Fais voir. Ne pleure plus. Tu as eu peur? Ce n'est pas grave. On va retrouver cet homme. Comment est-ce qu'il était? Blond ou brun? Grand ou petit? » Clara a hésité un moment et elle a répondu: « Il était grand, blond et très fort. »

DIKTAT ab Unité 4, Séquence 1

Moi, je n'ai pas peur

Ma copine n'a pas de portable. Ses parents sont contre. Ils ne lui donnent pas d'argent parce qu'ils sont sûrs qu'on va l'agresser et lui voler son sac. Ils trouvent qu'il y a trop de violence dans la rue et au collège. Comme ils ont peur de tout, ils viennent même l'attendre au collège, mais ma copine ne trouve pas ça cool. Alors, je voudrais bien l'aider. Je vais demander à ses parents si elle et moi, on ne pourrait pas faire le chemin ensemble. Moi, je n'ai pas peur. Je fais du judo, je sais crier et je suis courageuse. Je pense qu'on ne va pas m'agresser et ça marche parce que je suis sûre de moi.

FICHE DE TRAVAIL 17a Non à la violence!

Je m'appelle ....

PARTNERDIKTAT ab Unité 4, Séquence 1

Ton/Ta partenaire et toi dictez tour à tour vos versions du texte. Comparez et corrigez-vous.

Partner A

_____ une élève de ma classe devant le collège. _____ et son portable. Il ne lui a pas fait mal _____. Elle a crié au secours, _____. Nous ne sommes pas très courageux. _____ qui est vite arrivée et lui a parlé. « _____, tu es blessée ? Fais voir. _____ ? Ce n'est pas grave. _____. Comment est-ce qu'il était ? _____ ? Grand ou petit ? » _____ et elle a répondu : « Il était grand, blond _____. »

LÜCKENDIKTAT ab Unité 4, Séquence 1

Écoute et complète ce texte.

Ma copine _____. Ses parents sont contre. _____ parce qu'ils sont sûrs _____. Ils trouvent qu'il y a _____ et au collège. _____, ils viennent même l'attendre au collège, _____. Alors, je voudrais bien l'aider. Je vais demander à ses parents si elle et moi, _____. Moi, _____. Je fais du judo, _____. Je pense qu'on ne va pas m'agresser et ça marche _____.

FICHE DE TRAVAIL 17b Non à la violence!

Je m'appelle ....

PARTNERDIKTAT ab Unité 4, Séquence 1

Ton/Ta partenaire et toi dictez tour à tour vos versions du texte. Comparez et corrigez-vous.

Partner B

Cet après-midi, un homme a agressé .... Il lui a volé son sac avec tout son argent .... et elle n'est pas blessée, mais elle a eu très peur. ...., mais nous n'avons pas pu l'aider. .... Lucas est allé chercher une surveillante ....

« Ça va, Clara, tu as mal, ... Ne pleure plus. Tu as eu peur? .... On va retrouver cet homme. .... ? Blond ou brun? .... ? »

Clara a hésité un moment .... et très fort. »

LÜCKENDIKTAT ab Unité 4, Séquence 1

Écoute et complète ce texte.

Ma copine .... Ses parents sont contre. .... parce qu'ils sont sûrs .... Ils trouvent qu'il y a .... et au collège. ...., ils viennent même l'attendre au collège, ... Alors, je voudrais bien l'aider. Je vais demander à ses parents si elle et moi, ... Moi, ... Je fais du judo, ... Je pense qu'on ne va pas m'agresser et ça marche ....

FICHE DE TRAVAIL 18 Non à la violence!

Je m'appelle ....

LAUTSCHRIFTDIKTAT ab Unité 4, Séquence 1

Écoute les mots. Classe les mots où tu entends le son [e] ou/et [ɛ] dans le tableau.

la terre   le refrain   solidaire   agresser   casser   hésiter   le petit   merci   même
blessé   aider   la mer   treize   répondre   arrêter   cette   quelque chose   le collège
dangereux   le danger   le retard

[e]

....
....
....
....
....
....

[ɛ]

....
....
....
....
....
....

LAUTSCHRIFTDIKTAT ab Unité 4, Séquence 3

Que pense Jonathan du ruban vert? Écris ce qu'il a dit.

[ʒəpɑ̃skəsɛtɔpeʀasjɔ̃ɛtytilkaʀsəlamɔ̃tʀəkələʒœnsɔ̃sɔlidɛʀkilnəsɔ̃paegɔistekilsɔ̃nɔbʀøaɛtʀkɔ̃tʀlavjɔlɑ̃s]

....
....
....

[ʀefleʃiseleʒɑ̃kinəfɔ̃ʀjɛ̃aksɛptlavjɔlɑ̃s]

....
....
....

FICHE DE TRAVAIL 19 Non à la violence!

DIKTAT ab Unité 4, Séquence 3

Opération ruban vert

La cinquième C du collège Jules Verne a, elle aussi, lancé une opération ruban vert. Voici comment leurs camarades ont réagi.

« Souvent les victimes ne disent rien, elles n'osent pas parler parce qu'elles ont trop peur des réactions de leurs agresseurs. Alors, avec ce ruban, on leur montre qu'on est là pour les écouter et les aider. » Myriam

« Est-ce que vous pensez que les rubans verts servent à quelque chose? Soyez réalistes: c'est bien gentil, mais ce n'est pas très utile. » Paul

« À mon avis, c'est une bonne idée, car cela montre qu'on est nombreux à être contre la violence. Il faut être solidaire et il faut agir parce que tout le monde peut être victime de violence. » Charlotte

« Frapper des petits pour un peu d'argent, c'est nul! Ce ruban montre aux agresseurs que nous agissons contre eux. C'est super! » Jules

---

DIKTAT ab Unité 4, Séquence 3

Il faut agir!

Surveillant: Qu'est-ce que tu as, Léo? Pourquoi est-ce que tu cries? Tu es blessé? Tu as mal? Réponds, Léo, arrête de pleurer.

Léo: Ça va aller, Monsieur, je suis tombé, mais ce n'est rien.

Fatou: Monsieur, un garçon du collège a bousculé et frappé Léo pour lui voler ses affaires.

Surveillant: C'est qui? Tu connais ce garçon?

Fatou: Non, je ne le connais pas. Marion sait qui c'est, mais elle n'ose pas parler. Mais moi, je pense qu'on ne peut pas accepter ça, il faut agir.

Surveillant: Tu as raison, Fatou. Marion, réfléchis: ce garçon ne doit pas recommencer. N'aie pas peur. Tu peux tout me raconter. Tu dois tout me dire, car le problème est trop grave.

FICHE DE TRAVAIL 20a Non à la violence!

Je m'appelle ....

PARTNERDIKTAT ab Unité 4, Séquence 3

Ton/Ta partenaire et toi dictez tour à tour vos versions du texte. Comparez et corrigez-vous.

Partner A

La cinquième C du collège Jules Verne a, ...

.... Voici comment leurs camarades ont réagi.

«...

parce qu'elles ont trop peur des réactions de leurs agresseurs. ....

.... » Myriam

«Est-ce que vous pensez que les rubans verts servent à quelque chose? ....

.... » Paul

«À mon avis, c'est une bonne idée, ...

.... Il faut être solidaire et il faut agir parce que

tout le monde peut être victime de violence.» Charlotte

«..!

Ce ruban montre aux agresseurs que nous agissons contre eux. C'est super!» Jules

---

LÜCKENDIKTAT ab Unité 4, Séquence 3

Écoute et complète le dialogue.

Surveillant: Qu'est-ce que tu as, Léo? ....? Tu es

blessé? Tu as mal? ....

Léo: Ça va aller, Monsieur, je suis tombé, ...

Fatou: Monsieur, un garçon du collège ....

....

Surveillant: C'est qui? Tu connais ce garçon?

Fatou: Non, je ne le connais pas. ....

.... Mais moi, je pense qu'on ....

Surveillant: Tu as raison, Fatou. ....: ce garçon ne doit pas recommencer.

.... Tu peux tout me raconter. ....

....

FICHE DE TRAVAIL 20b Non à la violence!

Je m'appelle ....

PARTNERDIKTAT ab Unité 4, Séquence 3

Ton/Ta partenaire et toi dictez tour à tour vos versions du texte. Comparez et corrigez-vous.

Partner B

...., elle aussi, lancé une opération ruban vert. ....

« Souvent les victimes ne disent rien, elles n'osent pas parler .... Alors, avec ce ruban, on leur montre qu'on est là pour les écouter et les aider. » Myriam

« ....
.............................? Soyez réalistes: c'est bien gentil, mais ce n'est pas très utile. » Paul

« ...., car cela montre qu'on est nombreux à être contre la violence. ....
.... » Charlotte

« Frapper des petits pour un peu d'argent, c'est nul! ....
.... C'est super! » Jules

LÜCKENDIKTAT ab Unité 4, Séquence 3

Écoute et complète le dialogue.

Surveillant: Qu'est-ce que tu as, Léo? ....? Tu es blessé? Tu as mal? ....

Léo: Ça va aller, Monsieur, je suis tombé, ...

Fatou: Monsieur, un garçon du collège ....
....

Surveillant: C'est qui? Tu connais ce garçon?

Fatou: Non, je ne le connais pas. ....
.... Mais moi, je pense qu'on ....

Surveillant: Tu as raison, Fatou. ....: ce garçon ne doit pas recommencer. .... Tu peux tout me raconter. ....
....

FICHE DE TRAVAIL 21 Les choses de la vie

DIKTAT ab Unité 5, Séquence 1

Céline range sa chambre

Mercredi après-midi, Céline cherche son pull noir qu'elle veut échanger contre des lunettes de soleil rouges et roses. Il y a beaucoup de désordre dans sa chambre, elle ne retrouve plus rien, alors, elle la range. Ses vêtements sont sur sa table et sur son lit, ses livres et ses CD sont un peu partout, sur l'armoire, sous l'armoire et sous le lit. Elle n'est pas contente parce qu'elle a trouvé les baskets de sa sœur sur sa belle veste verte et elle a retrouvé ses belles baskets jaunes dans la chambre de sa sœur! Margot a fouillé dans ses affaires, elle déteste ça. Elle entend quelqu'un à la porte: c'est Margot qui rentre. Elle porte la belle jupe bleue de sa sœur, un cadeau de sa tante! Céline est très fâchée et trouve que Margot exagère.

DIKTAT ab Unité 5, Séquence 1

Margot exagère!

Céline: Non, mais je rêve! Tu portes MA nouvelle jupe.

Margot: Ne sois pas fâchée. Je n'ai pas retrouvé ma jupe, tu sais, ma jupe rouge et noire à carreaux.

Céline: Je ne sais pas où elle est, mais je sais que tu as fouillé dans mes affaires, que tu as mis un grand désordre et que tu as pris ma jupe et mes belles baskets sans rien me dire!

Margot: Oui, mais je t'ai laissé mes baskets.

Céline: Tu exagères! Reprends tout de suite TES baskets et sors de ma chambre!

Margot: Ne crie pas comme ça ... Le jaune, c'est la grande mode.

Céline: C'est bientôt ton anniversaire, alors, demande aux parents de t'offrir des baskets jaunes.

Margot: Bonne idée! Et je voudrais aussi une jupe bleue de tante Marie!

FICHE DE TRAVAIL 22a Les choses de la vie

Je m'appelle ....

PARTNERDIKTAT ab Unité 5, Séquence 1

Ton/Ta partenaire et toi dictez tour à tour vos versions du texte. Comparez et corrigez-vous.

Partner A

Mercredi après-midi, Céline cherche son pull noir .... Il y a beaucoup de désordre dans sa chambre, ... Ses vêtements sont sur sa table et sur son lit, ... Elle n'est pas contente parce qu'elle a trouvé les baskets de sa sœur .... !

Margot a fouillé dans ses affaires, elle déteste ça. Elle entend quelqu'un à la porte: c'est Margot qui rentre. .... ! Céline est très fâchée et trouve que Margot exagère.

LÜCKENDIKTAT ab Unité 5, Séquence 1

Écoute le dialogue et complète-le.

Céline: Non, mais je rêve! ....

Margot: .... Je n'ai pas retrouvé ma jupe, tu sais, ma jupe rouge et noire à carreaux.

Céline: Je ne sais pas où elle est, ... , que tu as mis .... !

Margot: Oui, mais je t'ai laissé mes baskets.

Céline: Tu exagères! .... !

Margot: Ne crie pas comme ça ....

Céline: C'est bientôt ton anniversaire, alors, ...

Margot: Bonne idée! .... !

FICHE DE TRAVAIL 22b Les choses de la vie

Je m'appelle ....

PARTNERDIKTAT ab Unité 5, Séquence 1

Ton/Ta partenaire et toi dictez tour à tour vos versions du texte. Comparez et corrigez-vous.

Partner B

.... qu'elle veut échanger contre des lunettes de soleil rouges et roses. ....
...................................., elle ne retrouve plus rien, alors, elle la range. ....
...., ses livres et ses CD sont un peu partout, sur l'armoire, sous l'armoire et sous le lit. ....
.... sur sa belle veste verte et elle a retrouvé ses belles baskets jaunes dans la chambre de sa sœur! ....
....
.... : c'est Margot qui rentre. Elle porte la belle jupe bleue de sa sœur, un cadeau de sa tante! ....
....

LÜCKENDIKTAT ab Unité 5, Séquence 1

Écoute le dialogue et complète-le.

Céline: Non, mais je rêve! ....

Margot: .... Je n'ai pas retrouvé ma jupe, tu sais, ma jupe rouge et noire à carreaux.

Céline: Je ne sais pas où elle est, ...
...................................., que tu as mis ....
....!

Margot: Oui, mais je t'ai laissé mes baskets.

Céline: Tu exagères! ....!

Margot: Ne crie pas comme ça ... .

Céline: C'est bientôt ton anniversaire, alors, ...
....

Margot: Bonne idée! ....!

FICHE DE TRAVAIL 23 Les choses de la vie

Je m'appelle ....

LAUTSCHRIFTDIKTAT ab Unité 5, Séquence 1

Retrouve et écris les phrases.

[alesandʀɔpɔʀtdeʃ(ə)mizakaʀo] ....

....

[lizpɔʀtynʀɔbgʀiz] ....
[edwaʀpɔʀtɛ̃pylnwaʀ] ....
[vjɔlɛtaynbɛlkaskɛt] ....
[matjøɛmsɔ̃dʒinbløl] ....
[miʀɛjadɔʀlelynɛtdəsɔlɛj] ....
[klemɑ̃pʀefɛʀlebovɛtmɑ̃] ....

LAUTSCHRIFTDIKTAT ab Unité 5, Séquence 3

Retrouve le texte de cette publicité et écris-le.

[nəʀɑ̃ɔ̃sepaopleziʀdypɔʀtabl] ....
[depɑ̃semwɛ̃avɛklanuvɛlkaʀtblablalakaʀtkiɛɑ̃kɔʀplysekɔnɔm] ....

....

[lakaʀtblablalakaʀtdezadokinəvœlplyʒətelœʀaʀʒɑ̃paʀlefnɛtʀ] ....

....

FICHE DE TRAVAIL 24 Les choses de la vie

DIKTAT ab Unité 5, Séquence 3

La mode et les jeunes

Madame Rachin, mère de trois enfants, a répondu à la question d'un magazine: « Est-ce que vos enfants dépendent des marques? »

Mes deux filles de 13 et 16 ans et mon fils de 15 ans jettent leur argent de poche par les fenêtres pour payer leurs vêtements. Ils veulent toujours avoir des affaires à la mode et porter les bonnes marques. Ils dépensent beaucoup pour acheter des choses très chères qui ne sont pas toujours de bonne qualité. Moi, je viens de Martinique et là-bas, on porte l'uniforme à l'école. Je trouve cela bien mieux, beaucoup plus pratique et aussi plus juste, car les parents n'ont pas toujours l'argent pour payer des vêtements chers, et puis, comme ça, les jeunes ne peuvent plus critiquer leurs camarades, leur dire qu'ils sont moches ou qu'ils ne sont pas assez chic.

DIKTAT ab Unité 5, Séquence 3

Quel est le meilleur horoscope?

Élodie: Quand est-ce que tu es née, Ludivine?

Ludivine: Le 31 octobre, je suis scorpion. Tu me lis mon horoscope, s'il te plaît?

Élodie: Il n'est pas génial. Écoute ... « Vous avez des problèmes d'argent. Votre problème, c'est que vous n'êtes pas économe. Vous jetez votre argent par les fenêtres. »

Ludivine: N'importe quoi! Je voudrais bien pouvoir dépenser mon argent, mais mes parents ne me donnent rien, c'est ça mon problème!

Élodie: Et toi, David, tu es de quel signe?

David: Je suis poisson. Je suis né le 10 mars.

Élodie: Oh, tu as un super horoscope. Écoute ... « Pour vous, tout est simple et vous avez de la chance. Vous allez peut-être faire un beau voyage avec votre meilleur ami. »

David: Et avec quel argent est-ce que je vais partir?

FICHE DE TRAVAIL 25a Les choses de la vie

Je m'appelle ....

PARTNERDIKTAT ab Unité 5, Séquence 3

Ton/Ta partenaire et toi dictez tour à tour vos versions du texte. Comparez et corrigez-vous.

Partner A

Madame Rachin, mère de trois enfants, a répondu à la question d'un magazine: «..?»

Mes deux filles de 13 et 16 ans et mon fils de 15 ans .... Ils veulent toujours avoir des affaires à la mode .... Ils dépensent beaucoup pour acheter des choses très chères .... Moi, je viens de Martinique et .... Je trouve cela bien mieux, beaucoup plus pratique et aussi plus juste, car les parents n'ont pas toujours l'argent pour payer des vêtements chers, ..., leur dire qu'ils sont moches ou qu'ils ne sont pas assez chic.

LÜCKENDIKTAT ab Unité 5, Séquence 3

Écoute et complète ce dialogue.

Élodie: ...., Ludivine?

Ludivine: Le 31 octobre, je suis scorpion. ...., s'il te plaît?

Élodie: Il n'est pas génial. Écoute … «Vous avez des problèmes d'argent. Votre problème, ...»

Ludivine: ....! Je voudrais bien pouvoir dépenser mon argent, ..., c'est ça mon problème!

Élodie: Et toi, David, tu es de quel signe?

David: Je suis poisson. ....

Élodie: Oh, ... Écoute … «Pour vous, ... Vous allez peut-être faire un beau voyage ....»

David: Et avec quel argent est-ce que je vais partir?

FICHE DE TRAVAIL 25b Les choses de la vie

Je m'appelle ....

PARTNERDIKTAT ab Unité 5, Séquence 3

Ton/Ta partenaire et toi dictez tour à tour vos versions du texte. Comparez et corrigez-vous.

Partner B

_____ :

_____ « Est-ce que vos enfants dépendent des marques ? »

_____ jettent leur argent de poche par les fenêtres pour payer leurs vêtements. _____

_____ et porter les bonnes marques. _____

_____ qui ne sont pas toujours de bonne qualité. Moi, je viens de Martinique et là-bas, on porte l'uniforme à l'école. _____

_____ ,

et puis, comme ça, les jeunes ne peuvent plus critiquer leurs camarades, _____

_____ .

LÜCKENDIKTAT ab Unité 5, Séquence 3

Écoute et complète ce dialogue.

Élodie : _____, Ludivine ?

Ludivine : Le 31 octobre, je suis scorpion. _____, s'il te plaît ?

Élodie : Il n'est pas génial. Écoute … « Vous avez des problèmes d'argent. Votre problème, _____ . »

Ludivine : _____ ! Je voudrais bien pouvoir dépenser mon argent, _____, c'est ça mon problème !

Élodie : Et toi, David, tu es de quel signe ?

David : Je suis poisson. _____.

Élodie : Oh, _____. Écoute … « Pour vous, _____. Vous allez peut-être faire un beau voyage _____ »

David : Et avec quel argent est-ce que je vais partir ?

FICHE DE TRAVAIL 26 La marée noire

DIKTAT ab Unité 6, Séquence 1

Yvon Leroy est malheureux

Yvon Leroy est dans la salle de séjour avec ses petits-enfants. Il ne dit rien. Il pense à la marée noire. Il est malheureux et déprimé. Lui qui a été pêcheur et qui a passé toute sa vie sur l'eau ne comprend pas. Pourquoi est-ce que les gens ne respectent pas la mer? Pourquoi est-ce que des bateaux pourris et dangereux circulent encore? Yvon Leroy a connu d'importantes marées noires, alors, il sait bien que c'est la mort des poissons et des coquillages, la pollution de l'eau, des plages et des rochers. Il sait aussi que beaucoup de pêcheurs vont être au chômage maintenant, les hôtels vont devoir fermer. Une marée noire en Bretagne, c'est une catastrophe pour le Bretons. Demain, M. Leroy va aller à Vannes pour proposer son aide.

DIKTAT ab Unité 6, Séquence 1

Le jeunes discutent de la marée noire

Yann: Vous avez entendu la nouvelle? Il y a une marée noire en Bretagne.

Charlotte: Bien sûr, on a vu ça aux actualités, hier soir.

Clémence: Où est-ce qu'il y a cette marée noire?

Mehdi: J'ai compris que c'était sur la côte sud, entre Vannes et La Baule.

Clémence: Mais c'est tout près d'ici! Quelle horreur!

Yann: Oui, depuis hier après-midi, un bateau perd des tonnes de pétrole.

Charlotte: C'est très grave parce qu'il y a du vent et la marée noire arrive sur la côte. On ne peut rien faire pour les oiseaux, les poissons et les coquillages.

Mehdi: Et c'est la pollution des plages et des rochers. Ils ont montré une grande tache noire à la télé.

Clémence: Ce n'est pas possible! C'est une catastrophe! Il faut faire quelque chose!

Yann: Ma mère a noté le numéro des organisations où on peut proposer son aide.

FICHE DE TRAVAIL 27a La marée noire

Je m'appelle ....

PARTNERDIKTAT ab Unité 6, Séquence 1

Ton/Ta partenaire et toi dictez tour à tour vos versions du texte. Comparez et corrigez-vous.

Partner A

Yvon Leroy est dans la salle de séjour _____. Il ne dit rien. _____. Il est malheureux et déprimé. _____ ne comprend pas. Pourquoi est-ce que les gens ne respectent pas la mer? _____ _____? Yvon Leroy a connu d'importantes marées noires, alors, _____, la pollution de l'eau, des plages et des rochers. _____ _____, les hôtels vont devoir fermer. _____, c'est une catastrophe pour les Bretons. _____

LÜCKENDIKTAT ab Unité 6, Séquence 1

Écoute le dialogue et complète-le.

Yann: Vous avez entendu la nouvelle? _____.

Charlotte: Bien sûr, on a vu ça _____.

Clémence: Où est-ce qu'il y a cette marée noire?

Mehdi: J'ai compris que c'était _____.

Clémence: Mais c'est près d'ici! Quelle horreur!

Yann: Oui, depuis hier après-midi, _____.

Charlotte: C'est très grave _____.

On ne peut rien faire _____.

Mehdi: _____. Ils ont montré _____.

Clémence: Ce n'est pas possible! C'est une catastrophe! Il faut faire quelque chose!

Yann: Ma mère a noté le numéro _____.

FICHE DE TRAVAIL 27b La marée noire

Je m'appelle ....

PARTNERDIKTAT ab Unité 6, Séquence 1

Ton/Ta partenaire et toi dictez tour à tour vos versions du texte. Comparez et corrigez-vous.

Partner B

Yvon Leroy _____ avec ses petits-enfants. _____
_____. Il pense à la marée noire. _____.
Lui qui a été pêcheur et qui a passé toute sa vie sur l'eau _____
_____?
Pourquoi est-ce que des bateaux pourris et dangereux circulent encore? _____
_____, il sait bien que c'est la
mort des poissons et des coquillages, _____
_____. Il sait aussi que beaucoup de pêcheurs vont être au chômage
maintenant, les hôtels _____. Une marée noire en Bretagne,
_____. Demain,
M. Leroy va aller à Vannes pour proposer son aide.

LÜCKENDIKTAT ab Unité 6, Séquence 1

Écoute le dialogue et complète-le.

Yann: Vous avez entendu la nouvelle? _____.

Charlotte: Bien sûr, on a vu ça _____.

Clémence: Où est-ce qu'il y a cette marée noire?

Mehdi: J'ai compris que c'était _____

Clémence: Mais c'est près d'ici! Quelle horreur!

Yann: Oui, depuis hier après-midi, _____

Charlotte: C'est très grave _____.

On ne peut rien faire _____

Mehdi: _____. Ils ont montré
_____.

Clémence: Ce n'est pas possible! C'est une catastrophe! Il faut faire quelque chose!

Yann: Ma mère a noté le numéro _____.

FICHE DE TRAVAIL 28 La marée noire

Je m'appelle ....

LAUTSCHRIFTDIKTAT ab Unité 6, Séquence 1

1. Retrouve les phrases.

[lebʀətɔ̃nəsɔ̃pakɔ̃tã] ....

[iljaynmaʀenwaʀɑ̃bʀətaɲ] ....

[alatelevizjɔ̃ɔ̃mɔ̃tʀəɛ̃batodɑ̃zynmɛʀtutnwaʀ] ....

....

[ləgʀɑ̃pɛʀɛksplikaseptizɑ̃fɑ̃kəsɛtɑ̃kɔʀplygʀavkɑ̃iljadyvɑ̃] ....

....

2. Écoute ces mots et transcris-les en écriture phonétique.

l'horizon _____   sentir _____

l'organisation _____   l'écran _____

le crayon _____   combien _____

la pollution _____   au moins _____

la quantité _____

LAUTSCHRIFTDIKTAT ab Unité 6, Séquence 3

Retrouve la strophe de ce poème sur la mer et écris-la.

[ʒɛmmaʀʃesyʀləsablblɔ̃] ....

[ʒadɔʀʀəgaʀdelɔʀizɔ̃] ....

[ʒəʀəgaʀdlebato] ....

[eʒɑ̃tɑ̃lezwazo] ....

FICHE DE TRAVAIL 29 La marée noire

DIKTAT ab Unité 6, Séquence 3

Dans la rue

Dame 1: Où est-ce que vous partez en vacances, en juillet?

Dame 2: Tous les ans, on va en Bretagne, près de Vannes. Mais cette fois, ce n'est pas possible à cause de cette marée noire. Alors, on va partir à la campagne.

Dame 1: Vous ne voulez pas plutôt aller nettoyer les plages avec les Bretons?

Dame 2: Écoutez, je travaille six jours par semaine du matin au soir, alors je ne vais pas renoncer à mes vacances. Et avec les enfants, ce n'est pas simple. Ils ne peuvent pas ramasser le pétrole avec nous, car c'est dangereux. Ils ne peuvent pas rester sur les plages trop sales. Et puis, pensez à l'odeur du pétrole ... Ça sent très fort. Laissons faire cela aux pompiers.

Dame 1: Vous avez peut-être raison ...

DIKTAT ab Unité 6, Séquence 3

Le journal de Fabien

Samedi 2 juillet

Je suis arrivé ce soir avec d'autres jeunes de ma région. J'habite chez Gaël et sa famille, des Bretons « pur beurre »*, les grands-parents parlent breton entre eux. Quand je suis entré dans leur maison, ça sentait bon les crêpes.

Dimanche 3 juillet

Après le petit-déjeuner, Gaël et moi, on est allés sur la plage. Il y avait déjà beaucoup de gens qui travaillaient. Ils portaient des gants et des combinaisons en plastique pour se protéger et ils nettoyaient la plage. Alors, j'ai fait comme eux. J'ai ramassé le pétrole que je mettais dans des sacs. Puis j'ai aidé un pompier à laver de pauvres oiseaux qui étaient couverts de pétrole et ne pouvaient plus bouger.

Il fait nuit. Il est tard. Je ne peux pas dormir. Je vois du pétrole partout, tout est noir comme la nuit.

* **pur beurre** waschecht

FICHE DE TRAVAIL 30a La marée noire

Je m'appelle ....

PARTNERDIKTAT ab Unité 6, Séquence 3

Ton/Ta partenaire et toi dictez tour à tour vos versions du dialogue. Comparez et corrigez-vous.

Partner A

Dame 1: Où est-ce que vous partez en vacances, en juillet?

Dame 2: .... Mais cette fois, ce n'est pas possible à cause de cette marée noire. ....

Dame 1: Vous ne voulez pas plutôt .... ?

Dame 2: Écoutez, je travaille six jours par semaine du matin au soir, ... Et avec les enfants, ce n'est pas simple. ...., car c'est dangereux. .... Et puis, pensez à l'odeur du pétrole ... .

Dame 1: ....

LÜCKENDIKTAT ab Unité 6, Séquence 3

Écoute et complète le journal de Fabien.

Samedi 2 juillet: Je suis arrivé ce soir .... J'habite chez Gaël et sa famille, des Bretons « pur beurre »*, ... Quand je suis entré dans leur maison, ...

Dimanche 3 juillet: .... Il y avait déjà beaucoup de gens qui travaillaient. .... pour se protéger .... Alors, j'ai fait comme eux. .... Puis j'ai aidé un pompier à laver de pauvres oiseaux ....

Il fait nuit. Il est tard. Je ne peux pas dormir. ....

* **pur beurre** waschecht

FICHE DE TRAVAIL 30b La marée noire

Je m'appelle ....

PARTNERDIKTAT ab Unité 6, Séquence 3

Ton/Ta partenaire et toi dictez tour à tour vos versions du dialogue. Comparez et corrigez-vous.

Partner B

Dame 1: ....?
Dame 2: Tous les ans, on va en Bretagne, près de Vannes. ....
.... Alors, on va partir à la campagne.
Dame 1: Vous ne voulez pas plutôt aller nettoyer les plages avec les Bretons?
Dame 2: ....,
alors je ne vais pas renoncer à mes vacances. ....
.... Ils ne peuvent pas ramasser le pétrole avec nous, ...
.... Ils ne peuvent pas rester sur les plages trop sales. ....
.... Ça sent très fort. Laissons faire cela aux pompiers.
Dame 1: Vous avez peut-être raison ...

LÜCKENDIKTAT ab Unité 6, Séquence 3

Écoute et complète le journal de Fabien.

Samedi 2 juillet: Je suis arrivé ce soir ....
.... J'habite chez Gaël et sa famille, des Bretons «pur beurre»*, ...
.... Quand je suis entré
dans leur maison, ...
Dimanche 3 juillet: ....
.... Il y avait déjà beaucoup de gens qui travaillaient. ....
.... pour se protéger ....
.... Alors, j'ai fait comme eux. ....
.... Puis j'ai aidé un pompier à laver de pauvres oiseaux
....
Il fait nuit. Il est tard. Je ne peux pas dormir. ....
....

* **pur beurre** waschecht

Übersetzungen & Sprachmittlungsübungen

FICHE DE TRAVAIL 31 Charlotte et ses copains

Je m'appelle ....

ÜBERSETZUNG ab Unité 1, Séquence 2

Julia, la correspondante de Charlotte, est chez les Bouvier. Loïc et Isabelle posent beaucoup de questions. Écris le dialogue.

1. Isabelle möchte wissen, wie alt Julia ist und wann sie Geburtstag hat.

2. Julia antwortet, dass sie 12 Jahre alt ist und am 12. November geboren ist. Sie ist Skorpion.

3. Loïc fragt, wo ihre Eltern arbeiten.

4. Sie antwortet, dass ihr Vater in einem Krankenhaus arbeitet und ihre Mutter an einer Grundschule (école primaire).

5. Isabelle möchte wissen, ob Julia Geschwister hat und ob sie Haustiere hat.

6. Sie erklärt, dass sie einen 14 jährigen Bruder hat. Sie hat eine Katze und zwei Wellensittiche. Ihre beiden Wellensittiche singen von morgens bis abends.

7. Loïc möchte wissen, ob Julia ein Musikinstrument spielt und ob sie Sport treibt.

8. Sie sagt, dass sie Klavier lernt. Sie spielt Handball.

SPRACHMITTLUNG ab Unité 1, Séquence 2

Julia reçoit (erhält) la lettre de Charlotte (p. 15). Le soir, elle présente sa corres à ses parents. Écris ce qu'elle raconte.

FICHE DE TRAVAIL 32 À Nantes

Je m'appelle ....

ÜBERSETZUNG ab Unité 2, Séquence 3

Lisa rencontre sa copine Pauline dans la rue. Traduis le dialogue.

Lisa: Hallo, Annabelle, Wie geht es dir?

Pauline: Ich bin nicht in Form.

Lisa: Was ist mit dir los?

Pauline: Ich habe mein Fotoalbum in der Straßenbahn liegenlassen. Also habe ich telefoniert. Ich habe die Straßenbahn wieder gefunden aber nicht das Fotoalbum. Ich bin deprimiert.

Lisa: Weine doch nicht! Bestimmt hat jemand es mitgenommen. Du wirst es sicherlich wieder finden. Hast du deine Anschrift darin notiert?

Pauline: Ja. Ich hoffe, dass ich es wieder finden werde. Ich muss es wieder finden!

SPRACHMITTLUNG ab Unité 2, Séquence 3

1. Des touristes allemands sont à Nantes. Qu'est-ce qu'ils veulent savoir? Parle à leur guide. Utilise « Le monsieur / La dame » et le discours indirect.

1. Wie heißt die Kathedrale und wo ist sie?
2. Wo kann ich Geschäfte finden und Andenken kaufen?
3. Ist die Passage Pommeraye in der Nähe?
4. Gibt es ein Schloss in Nantes?
5. Wer hat in diesem Schloss gewohnt?
6. Kann man einen Ausflug ans Meer machen?
7. Ist la Baule weit von hier?

2. Que répond le guide? Utilise le discours direct.

1. Das ist die Kathedrale Saint-Pierre und sie ist am Platz Saint-Pierre.
2. Sie können Andeken zum Beispiel in der Passage Pommeraye in der rue Crébillon kaufen.
3. Ja, sie ist in der Nähe.
4. Ja, es gibt ein (sehr großes) Schloss in Nantes.
5. Die Herzöge der Bretagne haben in diesem Schloss gewohnt.
6. Ja, natürlich. Sie können nach Noirmoutier oder la Baule fahren.
7. Nein, la Baule ist nicht sehr weit von Nantes.

Exemple: 1. C'est la cathédrale Saint-Pierre et elle est place Saint-Pierre.

FICHE DE TRAVAIL 33 Un mercredi

Je m'appelle ....

ÜBERSETZUNG ab Unité 3, Séquence 3

Vor der Passage Pommeraye erklärt Charlotte einem Touristen, wie er zur Kathedrale kommt: Er soll zunächst nach links abbiegen, den Place Royale überqueren, geradeaus bis zum Place du Pilori gehen, die erste Straße links einbiegen. An der Kreuzung soll er über die Straße und weiter geradeaus bis zum Place St-Pierre gehen. Die Kathedrale ist gegenüber.

SPRACHMITTLUNG ab Unité 3, Séquence 1

Ton/Ta corres t'a donné une recette que tu voudrais essayer (ausprobieren) avec un copain / une copine qui ne parle pas français. Explique la recette à ton copain / ta copine. Fais aussi une liste de ce que vous devez acheter. Tu peux utiliser un dictionnaire.

Reine de Saba
250 g de chocolat
250 g de miel
250 g de beurre
200 g de farine
6 œufs
Préparation: 30 minutes
Cuisson: 1 heure au four à 200° (6 au thermostat)

Faire fondre le chocolat et versez-le dans le miel tiède. Ajouter le beurre ramolli et les jaunes d'œufs. Bien mélanger, puis ajouter la farine et les blancs battus en neige. Verser dans un moule beurré, puis mettre à four chaud et faire cuire une heure. Retourner le gâteau et le laisser refroidir.
Bon appétit!

FICHE DE TRAVAIL 34 Non à la violence!

Je m'appelle ....

ÜBERSETZUNG ab Unité 4, Séquence 3

Traduis ce dialogue.

Polizist: Was machst du um diese Uhrzeit allein auf der Straße? Warum bist du nicht in der Schule?

Kind: Ich bin vom Fahrrad gefallen. Ich bin verletzt. Mir tut der Arm weh und ich habe Kopfschmerzen.

Polizist: Wo ist dein Fahrrad? Ich sehe es nicht.

Kind: Zwei Jungen haben mir das Fahrrad abgenommen.

Polizist: Willst du sagen, dass sie dir dein Fahrrad gestohlen haben?

Kind: Ja. Sie haben mir auch meine Sachen einschließlich meines Handys und meines Geldes gestohlen. Ich kann nicht einmal meine Eltern anrufen.

Polizist: Steig in das Auto ein. Ich werde deine Eltern anrufen und dann fahren wir ins Krankenhaus.

Kind: Ich will nicht ins Krankenhaus! Mir tut nichts mehr weh!

Polizist: Gut, einverstanden, aber lass uns trotzdem zur Apotheke gehen

---

SPRACHMITTLUNG ab Unité 4, Séquence 3

Explique à un copain / une copine, qui ne parle pas français, le problème d'Aya et de Jérémy.

VOUS NOUS ÉCRIVEZ, ON VOUS RÉPOND!

Dans ma classe, je suis la seule fille de couleur*. Tous les jours** ou presque, je suis victime de la violence de mes camarades, pas physique mais verbale. On me trouve moche***, on me parle comme à une imbécile, on ne m'accepte pas et je suis très seule. Je ne sais pas si je dois le dire aux professeurs ou au principal, car j'ai peur des réactions de mes camarades.
Aya, Vic-en-Bigorre

Je voudrais aller voir un match de foot, mais mes parents sont contre à cause de la violence qu'il y a sur les stades. Ils ont peur pour moi. C'est vrai, il y a beaucoup de violence quand il y a du foot, mais ce n'est pas juste parce que je n'ai rien fait et je ne vais pas pouvoir voir mon équipe préférée. Je trouve qu'il faut agir, qu'il faut faire quelque chose contre ces hooligans! Il faut leur montrer qu'ils ne nous font pas peur!
Jérémy, Paris

* **fille de couleur** eine Farbige – ** **tous les jours** jeden Tag – *** **on me trouve moche** man findet mich hässlich

FICHE DE TRAVAIL 35 Les choses de la vie

Je m'appelle ....

ÜBERSETZUNG ab Unité 5, Séquence 2

Écris le dialogue.

1. Der Verkäufer spricht Charlotte an.

2. Sie sucht ein gelbes Hemd für ihren Vater.

3. Der Verkäufer meint, dass im Moment die Farbe blau modischer ist.

4. Charlotte weiß das, aber gelb ist die Lieblingsfarbe ihres Vaters.

5. Der Verkäufer fragt nach der Größe (la taille).

6. Charlotte erwidert L.

7. Der Verkäufer hat keine gelben Hemden in L. Er zeigt ihr ein blaues Hemd in L.

8. Charlotte findet das Hemd sehr schön und fragt nach dem Preis.

9. Der Verkäufer antwortet.

10. Das ist ihr zu teuer und sie verabschiedet sich.

SPRACHMITTLUNG ab Unité 5, Séquence 3

1. Un/e ami/e français/e est chez toi. Il/Elle te raconte un problème. Explique ce problème à ton frère / ta sœur.

> Je voudrais un piercing, mais mes parents sont contre. Ils disent que c'est moche et dangereux. Moi, je trouve ça beau. Ma mère, elle, porte des boucles d'oreilles (Ohrringe). Ça aussi, c'est un piercing, mais ça, tout le monde l'accepte. Ce n'est pas juste. Et puis, je ne comprends pas pourquoi le piercing est plus dangereux que des boucles d'oreilles. Mes copains ont un piercing et ils vont bien. Je ne vois pas où est le danger.

2. Parle maintenant à ton ami/e de la réaction de ton frère / ta sœur. Utilise le discours indirect.

> Eltern sind fast immer gegen Piercings. Das ist ja normal. Wir haben einfach nicht denselben Geschmack (les mêmes goûts). Warte doch bis du 18 bist! Oder bist du unglücklich, dass du nicht das Gleiche tun kannst wie deine Freunde?

FICHE DE TRAVAIL 36 La marée noire

Je m'appelle ....

ÜBERSETZUNG ab Unité 6, Séquence 2

Après la catastrophe, un Allemand du groupe, qui est venu pour aider, parle aux Bouvier. Traduis ce qu'il dit.

Monsieur Wagner: Haben Sie frei genommen um den Strand zu reinigen?

Mme Bouvier: Oui, bien sûr, nous ne pouvons pas habiter la région et ne rien faire. Et vous?

Monsieur Wagner: Ich bin auch in Urlaub. Ich liebe die Bretagne und das Meer. Deswegen fühle ich mich durch die Ölpest betroffen. Wie viel Öl hat das Schiff verloren?

M. Bouvier: Au moins 20.000 tonnes. Et la marée noire a encore apporté du pétrole. C'est une catastrophe pour les animaux.

Monsieur Wagner: Ich interessiere mich sehr für Tiere. In Göttingen arbeite ich in einer Einrichtung für verletzte Tiere. Ich füttere sie und unternehme alles, um sie zu retten. Hier kümmere ich mich um Vögel, die nicht mehr fliegen können und wasche sie. Ich weiß nicht, ob es viel nützt, aber man kann ja immer hoffen.

Mme Bouvier: Vous avez tout à fait raison. Vous êtes formidable!

SPRACHMITTLUNG ab Unité 6, Séquence 3

1. Markus, le correspondant de Mehdi, est en France. Il lit un article sur les marées noires mais ne le comprend pas. Aide-le. Tu peux utiliser ton dictionnaire.

> Une marée noire est une catastrophe économique et écologique qui arrive quand un bateau perd en mer une quantité importante de pétrole, qui, avec les vents et les marées, arrive sur les côtes. En moyenne, 6.000.000 de tonnes de pétrole sont déversées chaque année dans les océans. Les marées noires sont dangereuses pour l'environnement, car elles détruisent l'habitat de nombreux animaux. Elles sont aussi une catastrophe économique: le nettoyage des plages coûte très cher et à cause de la pollution des eaux, on ne peut plus consommer de poissons et coquillages.

2. Ton/Ta camarade de classe a manqué (gefehlt). Résume-lui (Fasse zusammen) la catastrophe en allemand. (Textes, p. 97 et 100)

Satzzeichen & Lautschrift

SATZZEICHEN IM WORT

Terminologie

Damit das Diktieren leichter wird, hier ein paar Zeichen:

–	tiret
«	Ouvrez les guillemets.
»	Fermez les guillemets.
(	Ouvrez la parenthèse.
)	Fermez la parenthèse.
,	virgule
.	point
;	point virgule
:	deux points
!	point d'exclamation
...	points de suspension
?	point d'interrogation
	(point) à la ligne (Neue Zeile)
M	majuscule
m	minuscule

Übung

Jetzt diktiert dein Lehrer / deine Lehrerin einige Zeichen. Schreibe sie in dein Heft.

LA TRANSCRIPTION PHONÉTIQUE – DIE LAUTSCHRIFT

Les consonnes – Die Konsonanten

- [b] banane, bonbon
- [d] danse, ordinateur
- [f] photo, soif
- [g] gare, guide
- [k] classe, chocolat
- [l] la, ville
- [m] mardi, aimer, film
- [n] non, tonne
- [ŋ] camping
- [ɲ] campagne, Allemagne
- [p] page, répondre
- [ʀ] rue, livre
- [s] scharfes „s" wie in Kuss: ça, merci, sonner, passer
- [z] summendes „s" (tritt nur zwischen zwei Vokalen, als Bindung -s bzw. -x oder in der Schreibung „z", auf) wie in rasen: maison, les_enfants, six_heures, zéro
- [ʃ] „sch" wie in Tasche: chercher, chat
- [ʒ] „j" wie in Garage: agenda, jouer
- [t] tour, mettre
- [v] voisin, livre, élève

Les voyelles – Die Vokale

- [a] kurzes „a" wie in Ball: ami, femme
- [ɑ] langes „a" wie in Bahn: ne ... pas, gâteau
- [ɛ] offenes „e" wie in Ende: mais, disquette, c'est
- [e] geschlossenes „e" wie in See: école, bébé
- [ə] stummes „e" wie in Kabel: le, de, regarder
- [i] idée, guide, lit
- [o] geschlossenes „o" wie in Floh: trop, pauvre
- [ɔ] offenes „o" wie in doch: poste, sortir
- [ø] geschlossenes „ö" wie in böse: jeudi, Monsieur
- [œ] offenes „ö" wie in öffnen: fleuve, cœur
- [u] „u" wie in Mut: où, bonjour, sous
- [y] „ü" wie in müde: unité, muscle, minute

Les semi-voyelles – Die Gleitlaute

- [ɥ] cuisine, minuit
- [j] caillou, famille, dossier
- [w] oiseau, histoire, oui

Les voyelles nasales – Die nasalierten Vokale

- [ã] enfant, cantine, lampe
- [ɔ̃] pont, raconter, pardon
- [ɛ̃] un, dessin, faim, copain

Lösungen

UNITÉ 1 Charlotte et ses copains

LAUTSCHRIFTDIKTATE

ab Séquence 1: [ləsɔlɛj] – [ləvwajaʒ] – [laʃãpjɔn] – [selɛbʀ] – [leʃãʒ] – [lɛkskyʀsjɔ̃] – [lebato] – [lekɔʀɛspɔ̃dã] – [lətablo] – [kɔmilfo] – [ləʀali] – [lezalmã]

ab Séquence 3: Léon joue de l'accordéon. – Bruno joue du piano. – Et Clément, est-ce qu'il joue d'un instrument? – Nestor dort encore. – Édouard mange du matin au soir. – Claire cherche son dictionnaire. – Arthur gare sa voiture.

ÜBERSETZUNG

Isabelle: Julia, tu as quel âge? Ton anniversaire, c'est quand?

Julia: J'ai douze ans. Je suis née le 12 novembre. Je suis scorpion.

Loïc: Où est-ce que tes parents travaillent?

Julia: Mon père travaille dans un hôpital, ma mère travaille dans une école primaire.

Isabelle: Est-ce que tu as des frères et sœurs? Est-ce que tu as des animaux?

Julia: J'ai un frère, il a 14 ans. J'ai un chat et deux perruches. Elles chantent du matin au soir.

Loïc: Est-ce que tu joues d'un instrument? Est-ce que tu pratiques un sport?

Julia: J'apprends le piano. Je joue au handball.

SPRACHMITTLUNG

Zum Beispiel:

Heute habe ich einen Brief von meiner Brieffreundin Charlotte erhalten. Sie schreibt auf Französisch, weil sie meint, dass sie noch nicht so gut Deutsch kann. Sie hat einen älteren Bruder und eine jüngere Schwester. Sie hat eine Hündin, die einen schlechten Charakter haben soll und ein Meerschweinchen. Sie unternimmt viel: Sie spielt Akkordeon und singt gerne. Sie singt und macht Musik mit einem Freund zusammen. Sie liest gerne und viel. Außerdem schwimmt sie gerne und spielt Tischtennis mit Freunden. Sie wohnt in der Nähe von Nantes, in Saint-Herblain.

UNITÉ 2 À Nantes

LAUTSCHRIFTDIKTATE

ab Séquence 1: 2. Bon, commençons, on est en retard. – Est-ce que quelqu'un a lu ce roman? – Comment allez-vous? – Est-ce que tu comprends cette langue? – On a visité le centre et vu de grands magasins. – Je t'attends devant chez Marion.

ab Séquence 3: J'ai bien aimé Nantes, j'ai pu apprendre beaucoup de choses et j'ai fait des progrès en français. – J'ai fait la connaissance de gens super! – Il a fait beau, il n'a pas plu. – Je dois rentrer. – Je voudrais revenir.

ÜBERSETZUNG

Lisa: Bonjour, Annabelle, comment vas tu?

Pauline: Je ne suis pas en forme.

Lisa: Qu'est-ce que tu as?

Pauline: J'ai oublié mon album de photos dans le tramway. Alors, j'ai téléphoné, j'ai pu retrouver le tramway, mais pas l'album. Je suis déprimée.

Lisa: Ne pleure pas! Quelqu'un a dû le prendre. Tu vas le retrouver, c'est sûr. Tu as noté ton adresse dans l'album?

Pauline: Oui. J'espère que je vais le retrouver. Je dois le retrouver!

SPRACHMITTLUNG

1.

1. Le monsieur / La dame veut savoir où est la cathédrale et comment elle s'appelle.
2. Le monsieur / La dame demande où il/elle peut trouver de magasins et acheter des souvenirs.
3. Le monsieur / La dame veut savoir si le passage Pommeraye est près d'ici.
4. Le monsieur / La dame veut savoir s'il y a un château à Nantes.
5. Le monsieur / La dame demande qui a habité dans ce château.
6. Le monsieur / La dame demande s'ils peuvent faire une excursion à la mer.
7. Le monsieur / La dame demande si la Baule est loin de Nantes.

2.

2. Vous pouvez acheter des souvenirs dans la rue Crébillon, au Passage Pommeraye, par exemple.
3. Oui, il est près d'ici.
4. Oui, il y a un (très grand) château à Nantes.
5. Les ducs de Bretagne ont habité dans ce château.
6. Oui, bien sûr. Vous pouvez aller à Noirmoutier ou à la Baule.
7. Non, la Baule n'est pas très loin de Nantes.

UNITÉ 3 Un mercredi

LAUTSCHRIFTDIKTATE

ab Séquence 1:

1. gymnastique – danse – vélo – tennis – judo – volley – basket – acrobatie – kayak – handball
2. Et toi, est-ce que tu pratiques un sport?

ab Séquence 3: Enzo rêve qu'il est au cirque et fait un numéro d'acrobatie. – Il est sur un vélo et jongle avec des assiettes qu'il met ensuite sur sa tête. – Et il commence à jouer de la trompette. – Sur un trapèze, un clown dit: « Fais attention! ». – C'est son réveil qui sonne.

ÜBERSETZUNG

D'abord, vous tournez à gauche, vous traversez la place Royale et vous allez tout droit jusqu'à la place du Pilori. Là vous prenez la première rue à gauche. Au carrefour, vous traversez la rue et vous continuez tout droit jusqu'à la place Saint-Pierre, la cathédrale est en face.

SPRACHMITTLUNG

Zum Beispiel:

Bevor wir den Kuchen backen, müssen wir noch einkaufen. Und zwar brauchen wir 250 g Schokolade, 250 g Honig, 250 g Butter, eine Packung Mehl und 6 Eier.

Zunächst bringen wir die Schokolade zum Schmelzen und gießen ihn in den lauwarmen Honig hinein. Anschließend geben wir die weiche Butter und das Eigelb dazu. Dann rühren wir alles gut um und fügen 250 g Mehl sowie das steif geschlagene Eiweiß hinzu. Diesen Teig geben wir in eine gefettete Form. Der Kuchen braucht eine Stunde im Ofen. Anschließend wendet man den Kuchen und lässt ihn abkühlen.

UNITÉ 4 Non à la violence!

LAUTSCHRIFTDIKTATE

ab Séquence 1:

[e] agresser – casser – hésiter – blessé – aider – répondre – arrêter – le danger

[ɛ] la terre – solidaire – agresser – merci – même – blessé – la mer – treize – arrêter – cette – quelque chose – le collège

ab Séquence 3: Je pense que cette opération est utile, car cela montre que les jeunes sont solidaires, qu'ils ne sont pas égoïstes et qu'ils sont nombreux à être contre la violence. – Réfléchissez: les gens qui ne font rien, acceptent la violence.

ÜBERSETZUNG

Policier: Qu'est-ce que tu fais seul dans la rue à cette heure? Pourquoi est-ce que tu n'es pas à l'école?

Enfant: Je suis tombé de vélo, Monsieur. Je suis blessé. J'ai mal au bras et à la tête.

Policier: Où est ton vélo? Je ne le vois pas.

Enfant: Deux garçons m'ont pris mon vélo.

Policier: Tu veux dire qu'on t'a volé ton vélo?

Enfant: Oui, Monsieur. On m'a aussi volé mes affaires avec mon portable et mon argent. Je ne peux même pas téléphoner à mes parents.

Policier: Monte dans la voiture. Je vais appeler tes parents et nous allons aller à l'hôpital.

Enfant: Je ne veux pas aller à l'hôpital! Je n'ai plus mal!

Policier: Bon, d'accord, mais allons quand même à la pharmacie.

SPRACHMITTLUNG

Aya: Sie ist in ihrer Klasse die einzige Farbige. Fast jeden Tag leidet sie unter ihren Mitschülern, mehr durch das, was sie sagen, als durch das, was sie tun. Man findet sie hässlich und man spricht mit ihr wie zu einer Blöden. Sie wird nicht akzeptiert und fühlt sich allein. Sie ist sich nicht sicher, ob sie mit den Lehrern oder dem Schulleiter sprechen soll, weil sie Angst vor der Reaktion ihrer Klassenkameraden hat.

Jérémy: Er wollte sich ein Fußballspiel angucken, aber seine Eltern waren dagegen, weil es in den Stadien gewaltsam zugeht. Sie haben Angst um ihn. Fußball hat wirklich immer viel mit Gewalt zu tun, aber es ist ungerecht, weil er nicht daran Schuld ist und trotzdem seine Lieblingsmannschaft nicht sehen kann. Seiner Meinung nach muss man etwas gegen die Hooligans unternehmen. Man muss ihnen zeigen, dass sie uns nicht beeindrucken.

UNITÉ 5 Les choses de la vie

LAUTSCHRIFTDIKTATE

ab Séquence 1: Alessandro porte des chemises à carreaux. – Lise porte une robe grise. – Édouard porte un pull noir. – Violette a une belle casquette. – Mathieu aime son jean bleu. – Mireille adore les lunettes de soleil. – Clément préfère les beaux vêtements.

ab Séquence 3: Ne renoncez pas aux plaisirs du portable! – Dépensez moins avec la nouvelle carte Blabla, la carte qui est encore plus économe! – La carte Blabla, la carte des ados qui ne veulent plus jeter leur argent par les fenêtres.

ÜBERSETZUNG

1. Bonjour, Mademoiselle, je peux vous aider?
2. Je cherche une chemise jaune pour mon père.
3. En ce moment, le bleu est plus à la mode.
4. Je sais, mais le jaune est la couleur préférée de mon père.
5. Quelle est sa taille?
6. (C'est du / Il fait du) L.
7. Je n'ai pas de chemises jaunes en L. Mais regardez cette chemise bleue, c'est du L.
8. Cette chemise / Elle est très belle. Combien est-ce qu'elle coûte?
9. 90 euros, Mademoiselle.
10. C'est trop cher pour moi. Au revoir!

SPRACHMITTLUNG

1. Er/Sie möchte gepierct sein, aber seine/ihre Eltern sind dagegen, weil sie das hässlich und gefährlich finden. Ihm/ihr gefällt das. Unsere Mutter trägt Ohrringe. Das ist auch ein Piercing, aber das findet jeder in Ordnung. Das ist nicht gerecht. Außerdem versteht er/sie nicht, warum ein Piercing gefährlicher sein soll als Ohrringe. Seine/Ihre Freunde haben Piercings und es geht ihnen gut. Er/Sie sieht nicht ein, worin die Gefahr bestehen soll.

2. Mon frère / Ma sœur dit que les parents sont presque toujours contre le piercing, c'est normal. On n'a pas les mêmes goûts. Il/Elle pense que tu dois attendre d'avoir 18 ans. Il/Elle demande si tu es malheureux/-euse de ne pas pouvoir faire la même chose que tes copains.

UNITÉ 6 La marée noire

LAUTSCHRIFTDIKTATE

ab Séquence 1:

1. Les Bretons ne sont pas contents. – Il y a une marée noire en Bretagne. À la télévision, on montre un bateau dans une mer toute noire. – Le grand-père explique à ses petits-enfants que c'est encore plus grave quand il y a du vent.

2. [lɔʀizɔ̃] – [lɔʀganizasjɔ̃] – [ləkʀɛjɔ̃] – [lapɔlysjɔ̃] – [lakɑ̃tite] – [sɑ̃tiʀ] – [lekʀɑ̃] – [kɔ̃bjɛ̃] – [omwɛ̃]

ab Séquence 3: J'aime marcher sur le sable blond – J'adore regarder l'horizon – Je regarde les bateaux – Et j'entends les oiseaux

ÜBERSETZUNG

Monsieur Wagner: Est-ce que vous avez pris des vacances pour nettoyer les plages?

Mme Bouvier: Oui, bien sûr, nous ne pouvons pas habiter la région et ne rien faire. Et vous?

Monsieur Wagner: Moi aussi, je suis en vacances. J'adore la Bretagne et la mer. Alors, je me sens concerné par la marée noire. Combien de pétrole est-ce que le bateau a perdu?

M. Bouvier: Au moins 20.000 tonnes. Et la marée noire a encore apporté du pétrole. C'est une catastrophe pour les animaux.

Monsieur Wagner: Moi, je m'intéresse beaucoup aux animaux. À Göttingen, je travaille dans un centre pour animaux blessés. Je leur donne à manger, je fais tout pour les sauver. Ici, je m'occupe des oiseaux qui ne peuvent plus voler, je les lave. Je ne sais pas si ça va servir à quelque chose, mais on peut toujours espérer.

Mme Bouvier: Vous avez tout à fait raison. Vous êtes formidable!

SPRACHMITTLUNG

1. Eine Ölpest ist für die Wirtschaft und die Umwelt ein großer Schaden, der eintritt, wenn ein Schiff auf dem Meer eine bedeutende Menge Öl verliert, das mit dem Wind und den Gezeiten an die Küsten gelangt. Durchschnittlich landen jedes Jahr sechs Millionen Tonnen in den Meeren. Die Ölpest ist für die Umwelt gefährlich, weil sie den Lebensraum vieler Tiere zerstört. Finanziell ist der Schaden hoch, weil die Reinigung der Strände teuer ist und wegen der Wasserverunreinigung die Fische und Muscheln nicht mehr genießbar sind.